APRENDIZAJE BASADO EN PROYECTOS: ESTUDIOS SOCIALES

PROYECTOS REALES PARA EXPLORAR
EL NUEVO TRATO

ALEXIS BURLING
TRADUCIDO POR ALBERTO JIMÉNEZ

rosen publishing's
rosen central
New York

Published in 2019 by The Rosen Publishing Group, Inc.
29 East 21st Street, New York, NY 10010

First Edition

Library of Congress Cataloging-in-Publication Data

Names: Burling, Alexis, author.
Title: Proyectos reales para explorar el Nuevo Trato / Alexis Burling, translated by Alberto Jiménez.
Description: New York : Rosen Publishing, 2019. | Series: Aprendizaje basado en proyectos: Estudios sociales | Includes bibliographical references and index. | Audience: Grades 5–8.
Identifiers: ISBN 9781499440188 (library bound) | ISBN 9781499440195 (pbk.)
Subjects: LCSH: New Deal, 1933–1939—Juvenile literature. | United States—Politics and government—1933–1945—Juvenile literature. | United States—Economic conditions—1918–1945—Juvenile literature. | Depressions—1929—United States--Juvenile literature.
Classification: LCC E806 .B917 2018 | DDC 330.973/0904—dc23

Manufactured in the United States of America

CONTENIDO

INTRODUCCIÓN

Fue una jornada que se recordaría en todo el mundo como una de las peores de la historia de Estados Unidos. En cuestión de horas, se negociaron unos dieciséis millones de acciones y se perdieron más de nueve mil millones de dólares en la Bolsa de Nueva York. Ese 29 de octubre de 1929, el llamado Martes Negro, fue el catalizador que desencadenó la Gran Depresión, la crisis económica más larga hasta el momento del mundo industrializado occidental.

Fundada en 1817, la Bolsa de Nueva York no siempre había sido tan volátil. Durante la década de 1920 —en los llamados "felices años veinte"— el mercado de valores se expandió con rapidez. Con el nacimiento de industrias, como las de fabricación de automóviles y de electrodomésticos, los agentes de Wall Street estaban en la gloria. Compraban y vendían participaciones de compañías a voluntad. Los precios de las acciones subieron y la economía floreció. De 1920 a 1929, la riqueza de Estados Unidos llegó casi a duplicarse.

El 29 de octubre de 1929, una multitud se reunió en el exterior de la Bolsa de Nueva York. Muchos de los presentes perdieron los ahorros de toda su vida en cuestión de horas.

Pero al final de la década las circunstancias cambiaron. En agosto de 1929, los puestos de trabajo escaseaban y el desempleo había alcanzado niveles nunca vistos. En respuesta, los precios de las acciones se tambalearon. A mediados de octubre, empezaron a caer y los inversores fueron presa del pánico. El 24 de octubre, llamado Jueves Negro, se negociaron más de 12.8 millones de acciones. Las sociedades de inversión intentaron estabilizar el mercado comprando enormes cantidades de acciones, pero no funcionó. Al final de la semana, Wall Street se enfrentaba a la mayor crisis desde la fundación de la Bolsa: el Crac del 29.

Para entender lo que sucedió a continuación, hay que saber cómo funciona el mercado de valores, la bolsa, término que se utiliza para describir el lugar donde se negocian (compran o venden) acciones y bonos. Las acciones son unidades de propiedad en una empresa. Cuando los inversores compran una acción, adquieren una parte de esa empresa. Si las ganancias de la empresa suben, cada inversor recibe una parte de ese dinero; si bajan, el precio de la acción también. El precio de las acciones puede subir o bajar varias veces al día. Los inversores las venden cuando ya no quieren participar en esa empresa o cuando prefieren invertir en otra más rentable, o pretenden recoger beneficios o quieren cortar las pérdidas. Si tú vendes acciones por menos dinero del que pagaste por ellas, pierdes dinero. Si suficientes personas venden sus acciones al mismo tiempo, el mercado se desploma. Esto se llama un crac, y es precisamente lo que ocurrió el 29 de octubre.

En esa fatídica mañana del Martes Negro, la tensión se palpaba en el aire. Cuando sonó la campana que indicaba el inicio de las operaciones, estalló un frenesí de actividad. Los brókers agitaban los brazos salvajemente y gritaban cifras. Hombres y mujeres se apiñaban en las entidades financieras, deseosos de vender sus acciones a cualquier precio, por bajo que fuera. Todos contuvieron el aliento para ver qué pasaba.

En la primera media hora de negociación, las acciones se vendían en paquetes de 5,000, 10,000, 20,000 y 50,000. Más de 630,000 acciones se vendieron a la baja, pero nadie compraba. Muchas perdieron todo su valor cuando el precio bajó a cero. La gente se desmayaba al ver que los ahorros de toda una vida desaparecían en menos de una hora. Al final de la jornada, la devastación se sentía en todas partes.

"Ayer, *Wall Street* era una calle de esperanzas rotas, de ansiedad extrañamente muda, de una hipnosis estancada", escribió un reportero en el *New York Times* a la mañana siguiente. "Banqueros y agentes de bolsa coinciden al decir que esta generación no debería volver a presenciar jamás tales escenas".

Según muchos periódicos que publicaron artículos el miércoles por la mañana, el Martes Negro fue el día más desastroso de la historia del mercado de valores. Pero lo que esos periodistas ignoraban era que Estados Unidos iba a enfrentarse a un reto mucho mayor. Desde 1929 hasta el principio de la Segunda Guerra Mundial, en 1939, tendría que vivir uno de los períodos económicos más difíciles de su historia.

Las empresas se declararon en bancarrota, los bancos quebraron, las fábricas interrumpieron la producción, y la gente de todo el país lo sintió en su bolsillo. El presidente Herbert Hoover aseguró al pueblo estadounidense que la economía se recuperaría pero, hacia 1932, una cuarta parte de la población aproximadamente estaba sin trabajo. Necesitaban ayuda… y rápido.

Cuando ese año Franklin D. Roosevelt (también conocido por sus iniciales, FDR) fue elegido trigésimo segundo presidente, juró levantar de nuevo el país. En los ocho años siguientes, promulgó una serie de leyes y programas federales para estimular la economía. Estos esfuerzos legislativos, llamados Nuevo Trato (New Deal), pretendían crear más empleos, financiar más proyectos artísticos, construir más carreteras y ferrocarriles e invertir más dinero en todos los ámbitos de la vida, incluyendo sanidad, educación, industria, agricultura, comercio y transacciones financieras.

Parte de la Administradora para el progreso del trabajo de Roosevelt, WPA (por sus siglas en inglés), el Proyecto de formación del servicio doméstico, fue un programa de enseñanza de tareas del hogar con el que miles de mujeres encontraron empleo.

Una buena manera de conocer el Nuevo Trato y cómo sigue resonando en la actualidad es el aprendizaje basado en proyectos, una forma de enseñanza que incita a los estudiantes a profundizar en la experiencia del aprendizaje creando proyectos basados en la investigación y a seguirlos hasta el final. Si esto suena a pesadez, nada más lejos. En la práctica, el aprendizaje basado en proyectos es atrayente y divertido.

Como pronto verás, los proyectos de este libro quedan a merced de tu interpretación. Algunos suponen el uso de tu capacidad creativa, como dibujar un mapa, escribir una anotación en un diario o interpretar un monólogo. Otros, más centrados en los hechos, pueden animarte a entrevistar a gente de tu comunidad para escribir un ensayo expositivo o un artículo periodístico. Muchos de ellos requieren trabajar por cuenta propia, mientras que otros son más adecuados para un equipo. En cualquier caso, puedes utilizarlos como punto de partida para diseñar el tuyo propio. El aprendizaje basado en proyectos anima a los estudiantes a utilizar su creatividad para idear y desarrollar proyectos personales.

Debes acercarte a ello con mentalidad abierta y objetivos claros. La época del Nuevo Trato fue un tiempo difícil, pero puede que te sorprenda e incluso te sirva de inspiración la cantidad de paralelismos que encontrarás con nuestra época.

CAPÍTULO UNO

FDR, PRESIDENTE DEL NUEVO TRATO

En los comienzos de la presidencia de Franklin D. Roosevelt, la situación de Estados Unidos era desesperada. La gente estaba sufriendo y necesitaba ayuda. El 4 de marzo de 1933, el nuevo presidente pronunció un discurso de investidura brutalmente sincero.

Frente a las más de cien mil personas reunidas en el Capitolio de Washington, D. C., prometió enfrentarse a las "oscuras realidades del momento" y poner orden en "nuestra casa nacional". Habló de usar el poder del Gobierno federal para crear un excedente de empleos en cada sector "abordando la tarea como se abordaría la emergencia de una guerra". Sobre todo, aseguró al pueblo estadounidense que, enfrentándose al problema y trabajando unidos, ellos como país podrían ganar. "Permítanme asegurarles mi firme convicción de que lo único que hay que temer es el miedo en sí", dijo; esa frase se ha repetido en muy diversas circunstancias desde entonces.

Durante sus primeros cien días de mandato, puso en marcha una serie de programas destinados a revitalizar la economía. Firmó un récord de quince leyes para abordar algunos de los

Durante la Gran Depresión, los estadounidenses tenían poco dinero para comprar comida. En sitios como la ciudad de Nueva York (en la foto), las iglesias y las misiones daban pan a los desempleados.

problemas heredados del expresidente Herbert Hoover. Todas hicieron mella en la Gran Depresión. Hubo mucho revuelo, pero FDR cumplió con su deber de comunicar sus intenciones clara y abiertamente a sus conciudadanos. Ahora era su líder electo, para bien o para mal.

PREGUNTA: ¿ES COMPARABLE LA GRAN DEPRESIÓN CON OTROS PERÍODOS DE INCERTIDUMBRE ECONÓMICA DE LA HISTORIA ESTADOUNIDENSE?

En Estados Unidos, los años veinte fueron una época de exceso, pero después del colapso financiero de 1929 el país cayó en picada. Los agricultores ya no podían permitirse el lujo de cosechar lo que habían plantado y dejaban que se pudriera en los campos. El gasto de los consumidores frenó de golpe. Los bienes sin vender se amontonaron y la fabricación disminuyó. En los peores momentos, casi trece millones de estadounidenses —el 20 % de la población— estaban desempleados. En 1933, los ingresos medios por familia caían unos 1,500 dólares, un 40 % menos que en 1929. Miles perdieron sus casas porque no podían pagar, hacían cola en los comedores sociales para ahorrar el poco dinero que les quedaba o sacaban todos sus ahorros del banco. Con efectivo insuficiente, muchas entidades bancarias se vieron obligadas a cerrar. La Gran Depresión fue una de las épocas más nefastas de la historia del país.

PROYECTO
¡EXTRA! ¡EXTRA! ¡PARA SABERLO TODO!

Los estadounidenses no solo tuvieron que lidiar con el colapso económico de la Gran Depresión. Si estudias la crisis bancaria de 2008, origen de la crisis global que ha afectado a todas las economías del mundo, advertirás las similitudes con aquella época.

- Comienza viendo películas del suceso y sus consecuencias, como *Inside Job, Margin Call, The Big Short, Too Big To Fail* o *Capitalism: A Love Story*, de Michael Moore.
- Realiza una investigación objetiva para entender cómo la crisis bancaria de 2008

afectó al pueblo estadounidense, a los empleos, al mercado inmobiliario y a otros ámbitos. Consulta artículos o noticias, y contenidos multimedia de la época. Si no entiendes lo que lees, pídele a un adulto que te explique por qué los bancos quebraron.

- Ahora escribe un artículo informativo de tu elección en respuesta a lo que descubriste. Puede ser expositivo, informativo o incluso una historia corta basada en hechos. Haz referencia al Crac del 29 e indica las similitudes y diferencias entre ambos períodos.

PREGUNTA: EN TIEMPOS ECONÓMICOS DIFÍCILES, ¿QUÉ PEQUEÑOS CAMBIOS PUEDE HACER LA GENTE EN SU VIDA Y SUS COSTUMBRES PARA SOBREVIVIR?

El presidente Herbert Hoover creía que el Gobierno federal no debía intervenir en la mayoría de los asuntos estatales pero, tras la toma de posesión de Roosevelt en 1933, el péndulo osciló en dirección contraria. FDR amplió sus poderes e hizo una serie de cambios en la administración del Gobierno para influir directamente en las decisiones a nivel estatal, al tiempo que adoptaba un enfoque federal más agresivo.

Como sabía que la gente había perdido la fe en el sistema bancario, creó una rama independiente del Gobierno federal llamada Corporación Federal de Seguro de Depósitos (FDIC) para proteger las cuentas de los depositantes y supervisar o abordar cualquier riesgo que pudiera surgir. También estableció

El 6 de junio de 1933, Roosevelt (sentado, centro) firmó la Ley Glass-Steagall (una parte de la Ley de Bancos de 1933), para separar la inversión de las actividades comerciales bancarias.

la Comisión de Bolsa y Valores (SEC), una organización que vigilaba el mercado financiero y trataba de evitar que se repitieran abusos como los que causaron el Crac del 29.

A pesar de estas nuevas entidades, los estadounidenses seguían desconfiando. Para llegar a fin de mes, las mujeres que solo se habían ocupado del hogar tuvieron que trabajar en la industria manufacturera o de empleadas domésticas; las familias plantaban huertos y confeccionaban su propia ropa; los niños ejercían de repartidores de periódicos o peones. La gente hacía lo que fuera para mantener la luz encendida y poner comida en la mesa.

PROYECTO
¡A INGENIÁRSELAS!

A lo largo de la historia de Estados Unidos, los ciudadanos han encontrado muchas formas de sobrellevar los tiempos difíciles. Investiga los métodos que la gente utilizó para hacer frente a las dificultades económicas y prepara una presentación centrada en uno de ellos.

- Busca un pueblo o comunidad que se viera afectado negativamente por la Gran

La biblioteca es un buen lugar para investigar. Se pueden consultar libros o navegar por Internet para buscar datos. Si no sabes por dónde empezar, el bibliotecario te indicará el camino.

Depresión u otra situación histórica difícil. Por ejemplo, los estados de las llanuras meridionales durante el *Dust Bowl* de los años 30, Alabama rural o Apalachia en la época de los derechos civiles, Detroit en los años 90 o cualquier otro lugar y período. Investiga qué tipo de cambios en sus costumbres hizo la gente para mejorar sus condiciones de vida o ahorrar. Dependiendo del período que elijas, la estación *PBS* es un buen lugar para recopilar información.

- Ahora imagina que viviste durante ese período. Piensa en otras posibles soluciones para sobrevivir. Escoge una idea para presentarla en clase. Puede ser algo práctico, como hacer mermelada o enlatar verduras, o algo teórico, como diseñar un invento para cosechar de forma más rápida y barata.

PREGUNTA: ¿CÓMO INFLUYEN LOS MEDIOS DE COMUNICACIÓN (O LA PRESENCIA DE NUEVAS TECNOLOGÍAS) EN LA MANERA EN QUE LAS IDEAS DE UN PRESIDENTE SON PERCIBIDAS POR SU ELECTORADO?

El 9 de marzo de 1933, el Congreso aprobó la Ley de Emergencia Bancaria del presidente Roosevelt para reorganizar los bancos y cerrar los insolventes. Tres días después, FDR se dirigió al público en una emisión de radio y les dio una actualización sobre lo que estaba pasando. Lo llamó una charla informal.

Desde 1933 hasta el final de su presidencia en junio de 1944, FDR dio un total de treinta charlas, primero por radio y más adelante por televisión, ambas nuevas tecnologías en ese momento. La gente de todo el país se reunía en sus salones para escuchar lo que el presidente tenía que decir. Roosevelt se dirigía a sus electores como "amigos míos" y explicaba la evolución de los acontecimientos en un lenguaje sencillo que hasta los menos instruidos podían entender.

CHARLAS INFORMALES

Las charlas informales de Roosevelt fueron notables por varias razones. En primer lugar, aparte de los mítines en persona y los discursos públicos, era la primera vez que un presidente hablaba al público en tiempo real. Tal vez más importante, esas charlas fueron un gran igualador. Casi el 90 % de los hogares estadounidenses tenía radio, lo que significaba que cualquiera, rico o pobre, podía escucharlas. Esas charlas consiguieron que muchos oyentes recuperaran la esperanza en una vida mejor.

El 12 de marzo de 1933, Roosevelt dio su primera charla junto al fuego para explicar algunas de las causas de la crisis bancaria. Comenzó diciendo que los bancos no guardan la totalidad de los depósitos como dinero en efectivo dentro de una caja fuerte. En vez de eso, reinvierten el dinero en diferentes formas de crédito, como bonos, hipotecas y otros tipos de préstamos. La cantidad total de papel moneda de un país es solo una parte del total de los depósitos de todos sus bancos.

Una de las razones de la quiebra de tantas entidades bancarias después del Crac del 29 es que demasiados reclamaron su dinero al mismo tiempo, y los bancos no tenían suficiente efectivo para cubrir los reintegros. Además, algunos banqueros dieron préstamos fallidos y perdieron la confianza de la gente.

Durante su charla junto al fuego, Roosevelt insistió en que haría todo lo posible para mitigar el problema. Cerraría bancos en quiebra y reabriría otros que fueran lo suficientemente fuertes para sobrevivir. "Después de todo, hay un elemento en el reajuste de nuestro sistema financiero más importante que la moneda,

El presidente Roosevelt dio treinta charlas informales durante su mandato. Su dominio de la radio puso de manifiesto la creciente importancia de los medios en la política nacional.

más importante que el oro, y es la confianza del pueblo", dijo. "Es su problema y es el mío. Unidos no fallaremos".

PROYECTO
¿CHARLAS INFORMALES ELECTRONICAS?

Las distintas formas de comunicación nos afectan de diferentes maneras. Considera cómo los distintos métodos fueron más o menos efectivos para transmitir las ideas.

- Lee o escucha las charlas informales de FDR. Puedes encontrarlas aquí: http://www.presidency.ucsb.edu/fireside.php (transcripción); http://www.fdrlibrary.marist.edu/archives/collections/utterancesfdr.html (audio).
- Investiga cómo otros presidentes de Estados Unidos se sirvieron de la tecnología para comunicar sus ideas al público. Ejemplos son los tuits de Trump y los debates televisados de 1960 entre Richard Nixon y John F. Kennedy.
- Escoge tres de estos métodos de comunicación y haz una tabla que enumere los efectos positivos y negativos de cada uno.
- Elige el método más exitoso y haz una presentación en clase. Finge que eres el presidente y da tu propia charla informal mediante la tecnología que prefieras. ¡No olvides mencionar los temas importantes de hoy.

CAPÍTULO DOS

EL NUEVO TRATO ECHA RAÍCES

El extenso plan del presidente Roosevelt para reorganizar y ampliar el alcance del Gobierno federal consistía en leyes de reforma bancaria y programas de ayuda financiera de emergencia, programas de ayuda laboral e iniciativas agrícolas. Estas reformas pretendían mejorar todos los ámbitos de la vida, incluyendo el trabajo, la vivienda, la salud y la educación. También beneficiarían a todas las clases sociales, pero sobre todo "al hombre olvidado en la base de la pirámide económica".

En la primera fase del Nuevo Trato, Roosevelt se centró en un objetivo: crear cientos de miles de empleos para aquellos que los necesitaban. Mediante la Administración Nacional de Recuperación (NRA, por sus siglas en inglés), agencia que establecía nuevos códigos empresariales para una competencia justa, reguló los salarios y las horas de trabajo, controló las leyes de trabajo infantil, fijó precios y monitorizó las prácticas de negociación colectiva por medio de sindicatos. Roosevelt también redactó la legislación que permitió al Gobierno federal reclutar trabajadores para proyectos de construcción y mejoras por todo el país.

En 1933, la Administración Nacional de Recuperación suspendió las leyes antimonopolio, para que Gobierno, industrias y sindicatos establecieran nuevos códigos empresariales y normas de competencia leal.

El 5 de abril de 1933, promulgó la Ley de Emergencia de Conservación Laboral para aprovechar los recursos naturales mediante obras públicas a través de un programa denominado Cuerpo Civil de Conservación (CCC). Con la ayuda de miembros del gabinete, como la Secretaria de Trabajo Frances Perkins (que fue la primera mujer miembro del gabinete), aprobó la Ley Nacional de Recuperación Industrial, que permitió la creación de la Administración de Obras Públicas (PWA, por sus siglas en inglés) el 16 de junio de 1933. Ese mismo año, firmó la Ley del Valle del Tennessee (TVA) y acabó con la Prohibición, o ley seca, por lo que la fabricación y venta de alcohol dejaron de ser ilegales. No todos los aspectos de estos programas y ajustes funcionaron como Roosevelt pretendía, pero todos contribuyeron a mitigar la crisis.

PREGUNTA: ¿QUÉ PAPEL DEBE DESEMPEÑAR EL GOBIERNO FEDERAL EN LA PLANIFICACIÓN Y FINANCIACIÓN DE LA CONSTRUCCIÓN DE EDIFICIOS PÚBLICOS Y OTRAS MEJORAS?

Cuando el presidente Roosevelt asumió el cargo en 1933, era muy consciente de que gran parte de las carreteras y las infraestructuras del país eran pésimas. Pero en vez de pensar en ello como un impedimento para gobernar, lo consideró una ventaja. Autorizado por la Ley Nacional de Recuperación Industrial, creó la Administración de Obras Públicas (PWA, por sus siglas en inglés) para reducir las cifras de desempleo. Gracias al programa, se contrató a muchos desempleados para construir carreteras, puentes y edificios públicos.

La construcción de nuevos edificios en el Instituto Politécnico de Virginia en Blacksburg, Virginia, fue uno de los muchos proyectos financiados por la Administración de Obras Públicas (PWA).

Hasta principios de la década de 1940, cuando se volvió obsoleta, la PWA gastó unos 6,000 millones de dólares del presupuesto federal. Entre julio de 1933 y marzo de 1939 financió la realización de más de treinta y cuatro mil proyectos, incluyendo más del 70 % de las nuevas escuelas públicas, el 65 % de los nuevos juzgados, ayuntamientos y plantas de tratamiento de aguas residuales, el 35 % de las nuevas instalaciones sanitarias y el 10 % de los nuevos puentes, carreteras y ferrocarriles. Proporcionó a los trabajadores en paro empleos de larga duración y mejoró ciudades, pueblos y zonas rurales.

PROYECTO
MI DISCURSO TIPO

El Gobierno de Franklin Delano Roosevelt jugó un papel relevante en la creación de empleo durante la Gran Depresión. Hoy, muchas personas siguen discrepando sobre el control que el Gobierno debe ejercer en las vidas individuales. Analiza si el enfoque práctico de FDR para gobernar fue efectivo y decide cómo utilizarías su poder como presidente para crear empleos si te eligieran hoy.

- Imagina que presentas tu candidatura a próximo presidente de Estados Unidos. Investiga algunos de los problemas actuales de desempleo y falta de crecimiento de ciertas industrias. Piensa en lo que funciona aceptablemente y en lo que necesita arreglo. Utiliza fuentes objetivas y fiables, como el *New York Times*, la *National Public Radio* o la *BBC*.
- Redacta un plan de lo que tu Gobierno haría para crear empleos si fueras presidente. Elabora tablas, gráficos o infografías de los datos aplicables cuando sea necesario.
- Escribe un discurso para exponer tus ideas a los ciudadanos y pronúncialo en clase. No

dejes de hacer referencia al enfoque de FDR para gobernar. A fin de respaldar tus ideas, usa los apoyos visuales que crearás.

PREGUNTA: ¿CÓMO LA CONSTRUCCIÓN O DESTRUCCIÓN DE PRESAS HIDROELÉCTRICAS AYUDA O DAÑA AL ENTORNO Y AL CONJUNTO DEL PAÍS?

A principios de la década de 1930, el valle del Tennessee —ubicado en Alabama, Georgia, Kentucky, Misisipi, Carolina del Norte, Tennessee y Virginia— fue una de las áreas de Estados Unidos que más sufrió durante la Gran Depresión. La tierra quedó muy erosionada tras las devastadoras inundaciones que azotaron la región, y las carreteras y los puentes estaban en mal estado. Los estadounidenses emigraron del valle en masa para buscar trabajo. A fin de resolver el problema, Roosevelt firmó la Ley del Valle del Tennessee (TVA, por sus siglas en inglés) el 18 de mayo de 1933. Fue la primera vez que se encargó a un organismo gubernamental que se ocupara del desarrollo de una región específica.

La ley tuvo ventajas e inconvenientes. Por un lado, permitió al Gobierno federal construir presas en el río Tennessee para controlar las inundaciones y generar energía hidroeléctrica barata para la población del valle. Pero para construirlos hubo que inundar varias ciudades, y muchos fueron desplazados. Además, las represas despojaron a los nativos americanos de sus derechos de pesca y alteraron de forma irrevocable el medioambiente.

La represa de Guntersville es una más de las docenas que se construyeron en el río Tennessee. La construcción de presas, financiada por la TVA, alteró de forma irreversible el paisaje de la zona.

PROYECTO
EL MAPA DE LA TVA

El valle del Tennessee cambió mucho durante la presidencia de FDR, debido sobre todo a la construcción de presas hidroeléctricas. Algunos de los cambios fueron positivos, pero otros resultaron negativos. Analiza si la construcción de presas es beneficiosa o perjudicial para las personas y el medio ambiente de los lugares en que se construyen. Considera los impactos a corto y largo plazo en poblaciones y ecosistemas.

- Averigua el impacto del Nuevo Trato en el valle del Tennessee investigando cómo era la zona antes y después de la construcción de represas. Este es un buen lugar para conocer mejor la TVA: https://www.tva.gov/About-TVA.
- Mira dónde se construyeron las presas y crea mapas del "antes" y "después" de la región. Algunos ejemplos de represas incluyen la de Great Falls y la de Melton Hill.
- Luego escoge un pueblo donde se construyera una. ¿Cómo era antes de la construcción? ¿Cómo era después? Decide si la presa ayudó o perjudicó el sustento de la población y presenta en clase tu teoría. Utiliza fotos y mapas anteriores y posteriores para respaldar tus opiniones. Ten en cuenta que los ríos son una fuente importante de energía, comercio y recreo, pero que las represas pueden transformar para siempre el paisaje y cambiar la forma de vida de las personas y los animales.

PREGUNTA: ¿QUÉ SIGNIFICA SER LA PRIMERA MUJER EN LA HISTORIA DE ESTADOS UNIDOS QUE LOGRA UN OBJETIVO ESPECÍFICO?

Frances Perkins, Secretaria de Trabajo del presidente Roosevelt, fue la primera mujer que se convirtió en miembro del gabinete presidencial en la historia de Estados Unidos.

Una de las principales arquitectas del Nuevo Trato, ayudó a crear políticas transformadoras que restauraron la economía del país. Luchó por leyes que establecieran salarios mínimos, seguro de desempleo, pensiones y restricciones a las prácticas de trabajo infantil. También ayudó a mejorar la Seguridad Social.

Perkins ocupó su puesto durante doce años. Tras dimitir en 1945, se convirtió en profesora de la Universidad de Cornell. También publicó un libro de éxito, *The Roosevelt I Knew*.

PROYECTO
LA PERSPECTIVA DE PERKINS

Ser el primero en hacer algo es difícil, ya seas pionero debido a tu raza, tu sexo o tu origen étnico. Ponte en el lugar de Frances Perkins y piensa en lo que sintió al ser la primera en alcanzar su meta. Usa esto como punto de partida para una entrada de diario verosímil desde la perspectiva de una destacada pionera de la historia del país.

- Frances Perkins fue una mujer valerosa. Investiga las circunstancias de su vida que la llevaron a trabajar en la Casa Blanca. Este sitio puede ser útil para empezar http://francesperkinscenter. org/life-new.
- Imagínate ahora que eres Frances Perkins en tu último año de mandato. Pregúntate: ¿Cómo fue ser Secretaria de Trabajo durante la Gran Depresión? ¿Cómo fue trabajar con

Hoy, muchos de nosotros usamos la computadora para plasmar nuestros pensamientos, pero escribirlos a mano en un diario es una práctica que vale la pena.

el presidente Roosevelt? Piensa en tus logros y fracasos y haz una lista de algunos.

- Ahora escribe un diario sobre tus experiencias (al fin y al cabo, entonces no había computadoras). Describe tus sentimientos sobre lo que funcionó durante tu administración y lo que no funcionó. No te olvides de poner lo que se sentiría al trabajar rodeada de hombres y cómo tus acciones allanaron el camino para las mujeres del futuro.

PREGUNTA: ¿CÓMO INFLUYE HOY EL CUERPO CIVIL DE CONSERVACIÓN (CCC) ESTABLECIDO POR FDR EN LA ACTITUD DE LOS ESTADOUNIDENSES FRENTE A LAS ACTIVIDADES AL AIRE LIBRE? ¿Y EN EL ACTUAL SERVICIO DE PARQUES NACIONALES?

El Cuerpo Civil de Conservación fue uno de los programas de ayuda al empleo más exitosos del Nuevo Trato de FDR. Se aprobó el 5 de abril de 1933, para dar trabajo durante la Gran Depresión

Miles de hombres encontraron trabajo al entrar en el Cuerpo Civil de Conservación (CCC). En 1940, el estado de Oregón tenía sesenta y un campos del CCC con más de dos mil empleados en total.

a estadounidenses en paro y solteros. Tres partes del Gobierno trabajaron juntas para materializar los proyectos. El Departamento de Trabajo se encargó del reclutamiento; el Departamento de Defensa formó a los reclutados, les proporcionó la ropa adecuada y los transportó a varios lugares; el Departamento de Agricultura se encargó de los demás detalles. Ente los tres, decidieron qué proyectos eran más necesarios y cómo ejecutarlos.

A cada trabajador del CCC se le pagaban 30 dólares mensuales y se le proporcionaba comida y alojamiento en un campo de trabajo. Los hombres se alistaban por un mínimo de seis meses y se les exigía que enviaran al menos 22 dólares de su salario a casa, para mantener a sus familias. En el apogeo de su existencia, el año 1935, había más de 500,000 hombres en los centros del CCC repartidos por todo el país.

EN SU TIEMPO LIBRE

Ser miembro del CCC no era fácil, pero los hombres disponían de tiempo libre. Si no trabajaban, aprovechaban la biblioteca rotatoria, que tenía capacidad para doscientos libros. Los que eran analfabetos antes de alistarse, tomaban clases para aprender a leer y escribir. También se proyectaban películas dos veces por semana. La mayoría de estos campos eran administrados por el Ejército, que suministraba a cada uno: una docena de pelotas de béisbol, seis bates, diez guantes, pelotas de baloncesto y cuatro juegos de guantes de boxeo. Muchos veteranos afirman que el tiempo que pasaron en el Cuerpo fue uno de los mejores de su vida.

A lo largo de nueve años, más de 4,500 campos de trabajo del CCC brotaron a lo largo y ancho del país, sobre todo en la parte occidental. Aunque los hombres que se alistaron estaban agradecidos por tener trabajo, las condiciones de vida eran duras. Vivían en barracas o en tiendas de campaña, dormían en catres de metal y trabajaban turnos de ocho horas. Los blancos vivían en campos separados de afroamericanos y nativos americanos. Todos comían raciones del ejército.

Durante sus nueve años de vigencia, el CCC logró muchísimas cosas. Sus hombres plantaron más de tres mil millones de árboles en más de ochocientos nuevos parques nacionales y estatales. Además, apagaron incendios, replantaron terrenos y construyeron campamentos, albergues para personas y animales, refugios de vida silvestre y criaderos de peces. El programa terminó en 1942, muy a disgusto del presidente; muchas de las estructuras construidas entonces siguen en pie.

PROYECTO
¡QUÉ LINDO FOLLETO!

Los parques nacionales de Estados Unidos son algunos de los lugares más tranquilos y asombrosos del mundo. ¿Sabías que el CCC creó muchos de ellos? Estudia cómo gracias a las políticas de Roosevelt y la formación del CCC, se establecieron algunos de los hitos más hermosos del país y convence a la clase para planear una visita a tu proyecto del CCC.

- Haz investigaciones generales sobre el CCC para averiguar de qué se trataba el programa. Mira estos enlaces para comenzar: https://www. archives.gov/publications/prologue/2006/fall/ccc.html y http://www.pbs. org /wgbh/americanexperience/films/ccc.
- Ahora elige tu proyecto CCC favorito: un campamento, un parque nacional, una vía navegable, etc. Averigua lo que puedas sobre el lugar: cómo se creó, quién estuvo involucrado, cuánto llevó construirlo y otros detalles interesantes.
- Diseña un folleto atrayente, describiendo las maravillas que esperan a quien visite tu lugar. Incluye textos sencillos y fotos o dibujos atrayentes. Asegúrate de añadir opciones de alojamiento, así como los servicios cercanos: gasolineras, restaurantes, comercios… ¡Deja volar tu imaginación!

PREGUNTA: ¿CÓMO IMPACTÓ EL FIN DE LA PROHIBICIÓN EN LA ECONOMÍA Y LA VIDA SOCIAL DE LAS PERSONAS DE AMBOS BANDOS DEL ASUNTO DURANTE LA ÉPOCA DEL NUEVO TRATO?

La Prohibición, o ley seca, fue uno de los temas más conflictivos de los años veinte. Comenzó el 29 de enero de 1919, con la ratificación de la Decimoctava Enmienda de la Constitución, que prohibía la fabricación, transporte y venta de alcohol. La enmienda se aprobó para reducir el delito y la corrupción, mejorar la salud pública y limpiar la imagen de Estados Unidos.

Pero no todos la apoyaban. Además, las restricciones no siempre se cumplían ni eran efectivas. En respuesta a la falta de alcohol, aparecieron bares clandestinos por doquier. Los menos escrupulosos destilaban alcohol en sus bañeras y lo vendían en secreto, una práctica conocida como *contrabando*. El delito se disparó.

Roosevelt acabó con la Prohibición el 5 de diciembre de 1933, al firmar la Vigesimoprimera Enmienda de la Constitución, que revocaba la Decimoctava Enmienda. No obstante, algunos estados siguieron prohibiendo el alcohol y crearon sus propias leyes secas. Por ejemplo, el estado de Misisipi no revocó la Prohibición ¡hasta 1966!

PROYECTO
ATRACCIÓN O RECHAZO: EL GRAN DEBATE SOBRE LA PROHIBICIÓN

Aunque el gran cisma sobre la Prohibición condujo a la revocación de la Decimoctava Enmienda, los debates sobre la eficacia del movimiento y su impacto en la sociedad siguen vigentes.

- Formen dos equipos: Grupo A y Grupo B.
- Grupo A: Investiguen los beneficios de la Prohibición y anoten las razones sociales, políticas y económicas por las que mucha

Cuando quieran prepararse bien para un debate, trabajar juntos y comparar notas es ideal para asegurarse de haber considerado todas las facetas, todas las posibilidades.

gente pensó que la Decimoctava Enmienda no debería haberse revocado. *Prohibition*, el documental de Ken Burns y Lynn Novick, es un buen punto de partida.

- Grupo B: Investiguen lo que sucedió después del fin de la Prohibición y anoten las razones sociales, políticas y económicas por las que la revocación de la Decimoctava Enmienda produjo un cambio positivo en la sociedad.
- Al acabar su investigación, organicen un debate para el resto de la clase, comentando los pros y los contras de la llamada ley seca y de su revocación. ¡No olviden de poner ejemplos!

CAPÍTULO TRES

NACE EL SEGUNDO NUEVO TRATO

Aunque en 1935 el país estaba mejor gracias al liderazgo del presidente Roosevelt, muchos habitantes de las zonas rurales y urbanas seguían pasando apuros. El esfuerzo de recuperación económica, que parecía tan prometedor, fue en gran medida ineficaz a escala nacional a largo plazo. Según la Oficina de Estadística Laboral, el desempleo seguía alrededor del 20 %. Decenas de miles de personas vivían en *hoovervilles,* barrios de pobres llenos de trabajadores itinerantes y de gente que había perdido su hogar tras el Crac del 29. Pese a que programas como el Cuerpo Civil de Conservación y la Administración de Obras Públicas seguían funcionando, muchos estadounidenses pensaban que era necesario hacer más.

Como siempre, Roosevelt escuchó las quejas de sus electores y ajustó algunas de sus políticas. De 1935 a 1938, promulgó una vez más una serie de leyes y programas destinados a disminuir los efectos de la Gran Depresión. La Ley Wagner, que permitía a los empleados privados sindicarse y hacer huelga; la Ley de la Seguridad Social, que garantizaba beneficios para los ancianos después de jubilarse; y la formación de la Administración del Progreso de Obras (WPA por sus siglas en inglés), sucesora de la PWA, fueron algunos de los cambios que FDR inició en el llamado Segundo Nuevo Trato. Estos programas pretendían ayudar no solo a hombres blancos, sino también a mujeres, afroamericanos y otras minorías.

PREGUNTA: ¿POR QUÉ PROGRAMAS COMO LA WPA SON IMPORTANTES NO SOLO PARA LA SUPERVIVENCIA DE LOS ARTISTAS, SINO PARA EL BIENESTAR DE TODOS LOS ESTADOUNIDENSES?

El 8 de abril de 1935, Roosevelt creó la Administración del Progreso de Obras (WPA), una agencia más grande y audaz que la Administración de Obras Públicas. En los ocho años de existencia de la WPA se construyeron más de 1.4 millones de proyectos públicos que emplearon a unos 8.5 millones de personas: más de 650,000 millas (1,046,000 kilómetros) de carreteras, 125,000 edificios públicos, 75,000 puentes, 8,000 parques y 800 aeropuertos.

Pero la WPA no era una simple excusa para poner en marcha proyectos de construcción. También patrocinaba miles de empresas creativas de actores, escritores, músicos, arquitectos y otros artistas en un programa llamado Proyecto Federal Número Uno. Esta explosión de creatividad nacional no solo subió el ánimo de la gente, sino que aseguró un lugar para el arte en las generaciones venideras. De hecho, la WPA fue un modelo temprano para el Fondo Nacional para las Artes y el Fondo Nacional para las Humanidades, que todavía existen.

Este mural es uno de los proyectos financiados por la Administración del Progreso de Obras (WPA). Se pintó en una pared del Edificio Federal Wilbur J. Cohen, en Washington, D. C.

PROYECTO
ABRAN PASO A LA WPA

El arte es parte integrante de cualquier sociedad que funcione. Investiga algunos de los proyectos financiados por la WPA para analizar cómo mejoraron las comunidades estadounidenses durante la presidencia de FDR y por qué contribuciones artísticas similares podrían ser beneficiosas hoy.

- Comienza investigando a algunos de los artistas financiados por la WPA. ¿Qué tipo de proyectos crearon? Algunos ejemplos de artistas visuales son Jackson Pollock, Willem de Kooning, Lee Krasner y Mark Rothko. Trata de encontrar ejemplos de otros artistas, incluyendo dramaturgos, poetas o músicos.

- Elige algunas de tus obras favoritas y crea una presentación de diapositivas. Si elegiste obras musicales, incluye un componente de audio en tu proyecto. Explica por qué estos trabajos fueron beneficiosos e hicieron crecer las comunidades.
- A continuación, crea tu propio proyecto artístico (visual, oral o escrito) con el espíritu de la WPA y describe por qué mejorarías la sociedad actual. Puedes trabajar solo o con un compañero.

Cuando elabores tu proyecto inspirado en la WPA, no temas experimentar. ¡Demuestra tu lado creativo y pinta un mural vibrante!

PREGUNTA: ¿CÓMO AFECTÓ A LAS VIDAS DE LOS AFROAMERICANOS EL SEGUNDO NUEVO TRATO Y LA WPA? ¿EN QUÉ DIFIEREN SUS EXPERIENCIAS DE LAS DE LOS BLANCOS?

Durante la Gran Depresión, el desempleo afectó muchísimo más a los afroamericanos. Normalmente, eran los últimos en ser contratados y los primeros en ser despedidos. Pero, aunque quienes más se beneficiaron de las políticas del Nuevo Trato fueron los blancos, la vida de muchos afroamericanos también mejoró. Pese a que en muchos casos seguían "separados pero iguales", encontraron empleo a gracias al CCC y la WPA. Por ejemplo, más de cinco mil maestros afroamericanos consiguieron trabajo mediante los programas educativos de la WPA. Además, los equipos de la WPA también construyeron escuelas, parques, hospitales y viviendas. Muchos negros pobres recibieron atención médica y dental gratuita en clínicas atendidas por médicos afroamericanos contratados por la WPA.

Numerosos escritores, dramaturgos, actores y artistas visuales afroamericanos también encontraron trabajo a través del programa. Parte de la WPA, el Proyecto Federal de Escritores (FWP) y el Proyecto Federal de Teatro reunieron, crearon e interpretaron historias, narraciones orales y obras de teatro basadas en las experiencias de tres generaciones. Hoy, hay cientos de registros almacenados en la Biblioteca del Congreso que explican y conmemoran la experiencia afroamericana.

Uno de los mayores proyectos del FWP fue dirigido por Sterling Brown. Este poeta y profesor de la Universidad

Howard, fue nombrado editor de Asuntos Negros por Roosevelt, como parte de un grupo de asesores afroamericanos llamado Gabinete Negro. Brown hizo una lista de diecisiete proyectos que destarían el papel de los afroamericanos en la historia del país, como la colección de más de 2,300 narraciones de esclavos, ahora en la Biblioteca del Congreso, que dan testimonio de su experiencia.

Esta foto forma parte del Proyecto de Narrativa Esclavista de la WPA: Lucindy Lawrence Jurdon fue una de las muchas antiguas esclavas incluidas en el proyecto.

¡LLAMANDO A LOS ESCRITORES!

El Proyecto Federal de Escritores (FWP, por sus siglas en inglés) comenzó en 1935 bajo la Administración del Progreso de Obras. Duró hasta 1942, cuando los fondos se reorientaron hacia el esfuerzo bélico durante la Segunda Guerra Mundial. El FWP contrató a más de veinticinco mil escritores, incluyendo a muchos afroamericanos, para escribir una historia completa de Estados Unidos. Algunos de los afroamericanos más destacados fueron Richard Wright, Ralph Ellison, Zora Neale Hurston, Dorothy West, Sterling Brown, Claude McKay y Margaret Walker.

PROYECTO
LA RAZA EN LA ERA DEL NUEVO TRATO

La raza puede cambiar y desafiar la forma en que la realidad se vive en Estados Unidos. Lee o escucha narraciones de esclavos grabadas durante la época del Nuevo Trato.

Luego compara esas historias escritas y orales con las de los hombres blancos para ver cómo las realidades de ambos grupos eran iguales y distintas.

- Investiga algunas de las narraciones e historias orales de los esclavos recopiladas durante el Proyecto Federal de Escritores. Este es un sitio web sumamente útil para comenzar: https://www.loc.gov/collections/slave-narratives-from-the-federal-writers-project-1936-to-1938/about-this-collection.

- Escoge una que te parezca especialmente interesante o conmovedora. Piensa en cómo sería la vida del autor durante la Gran Depresión y la época del Nuevo Trato. ¿Fueron sus condiciones mejores o peores de lo que soportaron sus antepasados?
- Ahora piensa en las diferencias y similitudes entre las experiencias del autor y las que iban viviendo los hombres blancos durante ambos períodos.
- Considera por qué era tan importante que estas narraciones de esclavos fueran recopiladas en el Proyecto Federal de Escritores. ¿Qué se habría perdido para siempre si no hubiera sido por este proyecto?

PREGUNTA: ¿POR QUÉ ES IMPORTANTE PARA LOS TRABAJADORES PODER SINDICARSE, HACER HUELGA Y NEGOCIAR COMO GRUPO, COMO COLECTIVO, POR SUS DERECHOS, SIN LA INTERVENCIÓN DE SUS EMPLEADORES?

A principios de la década de 1930, los trabajadores de Estados Unidos estaban hartos del trato que recibían. Sí, se alegraban de trabajar, pero no de la larga jornada laboral ni de las peligrosas condiciones laborales ni del comportamiento injusto de sus jefes, que podían despedirlos a su antojo y sin razón. Muchos se afiliaron a sindicatos como el Sindicato Nacional de Agricultores y los Mineros Unidos de América, organizaciones independientes dedicadas a proteger los derechos de sus miembros y a mejorar salarios, jornadas y condiciones laborales.

Durante la segunda fase del Nuevo Trato, Roosevelt estaba consciente de la profunda insatisfacción de los trabajadores. Para mitigar algunos de los problemas, el 5 de julio de 1935 aprobó la Ley Wagner, también llamada Ley Nacional de Relaciones Laborales, que prohibía a los empleadores participar en los sindicatos o impedir protestas. La ley también estableció la Junta Nacional de Relaciones Laborales, que protegía los derechos de los trabajadores y les permitía organizarse, negociar y hacer huelga.

PROYECTO
¡A PROCLAMAR, HAY QUE HACER HUELGA!

La Ley Wagner fue esencial para mejorar la vida de los trabajadores. Estudia las condiciones laborales durante ese período para entender por qué los sindicatos eran cruciales para defender los derechos de quienes trabajaban.

- Divídanse en grupos de cuatro, cinco o seis. Cada grupo debe elegir un puesto de trabajo que existiera durante la Gran Depresión.

- Investiguen cómo eran las condiciones laborales en su lugar de trabajo. Averigüen por qué tantos trabajadores fueron infelices o hicieron huelga durante el Nuevo Trato. Un posible ejemplo sería la huelga de 1936 de *United Auto Workers* en una planta de la *General Motors* en Flint, Michigan, que duró casi cuarenta y cinco días, y se extendió a más de treinta ciudades de Estados Unidos.

El 4 de febrero de 1938, miles de miembros del sindicato United *Automobile Workers of America* organizaron una manifestación para denunciar sus malas condiciones laborales y sus bajos salarios.

- Nombren a un portavoz; los demás miembros del grupo pueden ser trabajadores descontentos. Escriban una lista de quejas sobre las condiciones laborales de su fábrica, planta, tienda o almacén.
- Luego, como grupo, escriban un discurso detallando por qué su equipo está descontento. Asegúrense de incluir su lista de demandas e ideas para mejorar las condiciones laborales. Pidan a su portavoz que lea el discurso en clase. Convenzan a todo el mundo de que sus condiciones laborales deben mejorarse... ¡ya!

PREGUNTA: ¿CÓMO BENEFICIA UN PROGRAMA GUBERNAMENTAL, COMO LA SEGURIDAD SOCIAL, A LOS ANCIANOS Y LOS DESFAVORECIDOS? ¿QUÉ PASARÍA SI LA GENTE SOLO PENSARA EN SU FUTURO Y DEJARA DE CONTRIBUIR?

El 14 de agosto de 1935, Roosevelt aprobó la Ley de Seguridad Social para abordar la cuestión de cómo se mantendrían los estadounidenses cuando dejaran de trabajar. Le dio un enfoque socialista, ya que aprobó un programa que beneficiaría al individuo con la participación de la comunidad. Mientras estaban empleados, los trabajadores debían contribuir a su propia jubilación cediendo parte de su salario a un fondo común. Después de los sesenta y cinco años, los jubilados tendrían acceso a un ingreso fijo que les ayudaría a pagar la atención médica y otros costos asociados con la vejez. La ley también proporcionaba seguro de desempleo, ayudas a discapacitados e hijos de trabajadores en paro, y subsidios estatales de atención médica.

"Nunca podremos asegurar al cien por ciento de la población contra el cien por ciento de los peligros y acontecimientos de la vida", dijo Roosevelt cuando la ley entró en vigor, "pero hemos intentado elaborar una ley que proteja al ciudadano medio y a su familia contra la pérdida de un empleo y contra la vejez agobiada por la pobreza".

PROYECTO
SEGURIDAD SOCIAL: ¿ÉXITO O FRACASO?

Puede que aún seas muy joven, pero todo el mundo se hace viejo. Es importante que los ancianos de una nación sean tratados con el respeto y el cuidado que merecen. Entrevista a algún vecino mayor de sesenta y cinco años. Luego investiga cómo se trata a las personas mayores en otros países para determinar si la Seguridad Social es el programa más efectivo para Estados Unidos o si se debería crear otro mejor.

- Primero, entrevista a tus abuelos o a alguien de tu comunidad que sea mayor de sesenta y cinco años. ¿Siguen trabajando? Si no es así, pregúntales cómo se sienten al no trabajar. ¿Les gusta tener su edad? ¿Qué pensaban cuando eran tan jóvenes como tú? ¿Reciben el cuidado que desean, necesitan o merecen? Si no, pregúntales qué cambiarían en la forma de tratar a población de edad avanzada.

Habla con un tatarabuelo, abuelo o vecino anciano para averiguar qué opinan de la Seguridad Social. ¡Puede que incluso recuerden cómo era la vida sin ella! Seguro que saben algo interesante.

- Luego, escoge otro país e investiga cómo trata a sus jubilados, ¿existen programas similares a la Seguridad Social? Si no, ¿qué otros programas hay? ¿Son eficaces? ¿Por qué o por qué no?
- Ahora haz una tabla con las diferencias y similitudes entre la Seguridad Social y otro(s) programa(s). Escribe una lista de los pros y contras de cada uno y decide cuál funciona mejor. No dejes de incluir lo que aprendiste de tus abuelos o en las entrevistas del primer paso de este proyecto. Presenta tus conclusiones ante la clase.

CAPÍTULO CUATRO

UNA NACIÓN CAMBIADA

El 3 de noviembre de 1936, Roosevelt fue reelegido por un amplio margen sobre su aspirante republicano, el gobernador de Kansas, Alfred M. Landon. Ganó más de un 60 % del voto popular y 523 de los 531 votos electorales. Los únicos dos estados en que perdió fueron Maine y Vermont. Era obvio que la mayoría de los estadounidenses eran partidarios de las políticas socialistas de FDR, pero no todos estaban en del lado del presidente. Los republicanos seguían manteniendo que con el Nuevo Trato de FDR, los poderes del Gobierno federal se extralimitaban. Hubo muchas luchas internas entre los partidos políticos del Congreso, y los republicanos hicieron todo lo posible para impedir la aprobación de las iniciativas de FDR.

Para combatir este problema, el 5 de febrero de 1937, Roosevelt anunció un plan para agregar más jueces liberales a la Corte Suprema, a fin de contrarrestar la oposición republicana. "El equilibrio de poder entre las tres grandes ramas del Gobierno federal se ha perdido a causa de los tribunales, que contradicen abiertamente los altos propósitos de los artífices de la Constitución", dijo. "Tengo el propósito de restaurar ese equilibrio". No salió bien. Los opositores acusaron a Roosevelt de "manipular las cortes". Durante las elecciones al Congreso de 1938, los republicanos ganaron suficientes escaños para bloquear muchas de las políticas del Nuevo Trato de Roosevelt durante su segunda legislatura. En 1939, la nación seguía inmersa en la crisis. Las consecuencias económicas de la Gran Depresión no desaparecían. Además, el mundo se estremecía por el estallido de la Segunda Guerra Mundial, aunque Estados Unidos no participara todavía en el conflicto.

MANDATOS EXTRA SIN PRECEDENTES

El 18 de julio de 1940, Roosevelt fue nominado para un tercer mandato en la convención del Partido Demócrata, en Chicago. Esto recibió muchas críticas y objeciones del lado contrario. El primer presidente, Washington, había establecido un límite de dos presidencias cuando se negó a presentarse por tercera vez en 1796.

Pero los republicanos fueron superados en número. Roosevelt venció al candidato republicano Wendell Willkie en las elecciones generales. En 1944 derrotó al gobernador neoyorquino Thomas Dewey y fue reelegido para su cuarto mandato. Hasta el día de hoy, es el único presidente que ocupó el cargo más de dos mandatos.

Franklin Delano Roosevelt (1882–1945) fue uno de los presidentes más progresistas y con mayor visión de futuro de la historia de Estados Unidos. Muchas de sus reformas contribuyeron a definir el país actual.

Los estadounidenses necesitaban un líder fiable. A pesar de su insatisfacción y del estallido de la Segunda Guerra Mundial, FDR fue elegido en 1940 para un tercer mandato presidencial sin precedentes. En 1944, cuando el país ya había entrado en guerra, Roosevelt fue reelegido por cuarta vez.

En 1945, ese cuarto mandato llegó a su fin: el presidente murió de una hemorragia cerebral el 12 de abril de 1945, a los sesenta y tres años. Aunque no terminara su cuarta presidencia, había dejado su huella en la historia. Sus incansables esfuerzos por diseñar y hacer cumplir el Nuevo Trato configurarían el desarrollo de Estados Unidos en las décadas venideras.

PREGUNTA: ¿CUÁLES FUERON LOS EFECTOS A LARGO PLAZO DEL NUEVO TRATO Y CÓMO INFLUYÓ EN LAS DISTINTAS REGIONES DEL PAÍS?

Al final, las reformas de inclinación socialista y progresista del presidente Roosevelt no pudieron con la Gran Depresión. En 1939, la tasa de desempleo seguía en torno al 17 % y los sectores pobres de las zonas rurales y urbanas del país seguían empobrecidos. Pero el Nuevo Trato creó millones de empleos. También patrocinó proyectos de obras públicas que llegaron a casi todos los condados de la nación. La protección federal de los depósitos bancarios puso fin al peligroso precedente de las corridas bancarias, y los trabajadores lograron libertad para afiliarse a sindicatos y negociar salarios mínimos. Sin embargo, el país tuvo que esperar a la Segunda Guerra Mundial para salir por fin de la recesión económica.

PROYECTO
UNA CARTA PARA FDR

Investiga las maneras en que las políticas del Nuevo Trato ayudaron y dañaron a Estados Unidos durante la Gran Depresión. Usa lo que aprendiste para redactar una carta bien informada al presidente Roosevelt sobre la eficacia del Nuevo Trato.

- Divídanse en grupos de cuatro. Cada grupo debe centrarse en una parte diferente del país o un segmento de la población.
- Hagan una lista de todas las maneras en que el Nuevo Trato ayudó a dar forma al progreso y desarrollo de la sección elegida por tu grupo durante el tiempo en que FDR estuvo en el cargo. ¿En qué ayudó? ¿En qué perjudicó? Cuando hagan su lista, consideren las siguientes áreas: empleo, condiciones laborales, seguridad económica, carreteras y puentes, bolsas y comercio, escuelas, edificios gubernamentales y centros culturales, y entretenimiento y artes.
- Luego redacten una carta para Roosevelt, explicando la perspectiva de su grupo. Incluyan ejemplos para respaldar sus ideas. Si es necesario, la carta puede sugerir soluciones para problemas que no se resolvieron durante su mandato.

PREGUNTA: UN NUEVO ENFOQUE DE GOBIERNO, DEL TIPO DEL NUEVO TRATO ¿AYUDARÍA A RESOLVER LOS PROBLEMAS MÁS URGENTES DEL PAÍS HOY?

La sociedad está hoy más dividida que nunca en cuestiones políticas. A partir de septiembre de 2017, el 4.2 % de la población está sin trabajo. Los Fondos Nacionales para las Artes y las Humanidades están amenazados. Republicanos y demócratas no se ponen de acuerdo en nada, incluyendo la asistencia médica, la Seguridad Social, la educación, las regulaciones energéticas, las políticas ambientales y la supervisión del Gobierno federal. Muchos expertos argumentan que Estados Unidos necesita otro Nuevo Trato. ¿Qué crees? ¿Funcionaría? ¿Por qué sí o por qué no?

PROYECTO
HAZ OÍR TU VOZ

Piensa en cómo las leyes y los programas estilo Nuevo Trato podrían ayudar a resolver algunos de los problemas actuales. Escribe una carta a alguien del Gobierno que pueda dar forma a las políticas futuras.

- Divídanse en grupos de cuatro. Cada grupo elige una parte diferente del país o un segmento de la población en la sociedad actual.
- Piensen en algunos de los problemas que sigue teniendo Estados Unidos. Al igual que en el proyecto anterior, consideren

La tormenta de ideas es un gran método para encontrar ideas nuevas. Trabajen juntos para escribirle una carta al presidente o a su congresista. ¡Pueden cambiarlo todo!

las siguientes áreas: empleo, condiciones laborales, seguridad económica, acceso a carreteras y puentes, negociación financiera y comercio... Pregúntense: ¿Es posible que un enfoque del tipo Nuevo Trato resolviera algunos de los problemas más importantes de nuestro país? Hagan una lista de posibles ejemplos.

- Luego, redacten una carta para el actual presidente o el congresista local, explicando su punto de vista. La carta debe sugerir soluciones a los problemas con ejemplos concretos extraídos de su investigación. Si su profesor lo considera adecuado, busquen la dirección de correo precisa y envíen la carta. Nunca se sabe, ¡pueden cambiar las cosas!

GLOSARIO

acciones: participaciones de una determinada empresa en bolsa cuya compra y venta se realizan en el mercado de valores o bolsa.

bróker: persona que ayuda a otras a invertir su dinero en bolsa; agente de bolsa.

contrabando: tráfico de mercancías ilegales.

crédito: préstamo que se pide a un banco, garantizando su devolución.

derogar: anular una norma o una ley.

descontento: disgustado, insatisfecho.

electorado: conjunto de personas que eligen a los cargos públicos.

escaño: puesto de representante político.

excedente: que sobra, cantidad extra.

freno: algo que impide o disminuye una actividad.

hipoteca: préstamo que permite comprar una casa y devolver el importe poco a poco.

hito: cosa o hecho históricamente clave y fundamental.

insolvente: que no tiene dinero para pagar las deudas.

investidura: acto de asignar o asumir alguien un cargo importante, como la presidencia.

irrevocable: que no se puede cambiar.

itinerante: ambulante, que va de un lugar a otro.

mandato: período en que se ejerce un alto cargo; legislatura.

mitigar: disminuir la dureza de algo.

precedente: que antecede, es anterior.

sindicato: asociación de trabajadores que defiende los intereses económicos y laborales de sus miembros.

vicisitudes: sucesión de acontecimientos favorables y adversos.

vigente: referido sobre todo a leyes que están en vigor, en uso.

volátil: que cambia con rapidez.

PARA MÁS INFORMACIÓN

Civilian Conservation Corps Museum
11747 N. Higgins Lake Drive
Roscommon, MI 48653
(989) 348-6178
Website: www.michigan.gov/cccmuseum
Más de cien mil jóvenes de Michigan participaron en el Cuerpo Civil de Conservación. Este museo cuenta su historia y es solo uno de los muchos museos dedicados al CCC en todo Estados Unidos.

Eleanor Roosevelt National Historic Site
54 Val-Kill Park Road
Hyde Park, NY 12538
(845) 229-9115
Website: https://www.nps.gov/elro/index.htm
Val-Kill se convirtió en el hogar de Eleanor Roosevelt tras la muerte de su esposo en 1945. Este es el único Sitio Histórico Nacional dedicado a una Primera Dama.

FDR Presidential Library and Museum
4079 Albany Post Road
Hyde Park, NY 12538
(845) 486-7770
Website: https://fdrlibrary.org
Facebook and Twitter: @fdrlibrary
Este museo y biblioteca se dedica a explorar las vidas de Franklin y Eleanor Roosevelt y su continuo impacto en la sociedad contemporánea.

Frances Perkins Center
170A Main Street
Damariscotta, ME 04543
(207) 563-3374
Website: http://francesperkinscenter.org
El Centro Frances Perkins presenta "Frances Perkins: La mujer que estuvo detrás del New Deal", una exposición sobre su vida y logros. También hay *tours* privados disponibles para conocer la hacienda ancestral de Perkins.

New Deal Homestead Museum
18 Q Road
Arthurdale, WV 26520
(304) 864-3959
Website: http://arthurdaleheritage.org/visit
Fundado en 1933, este lugar fue la primera comunidad del Nuevo Trato creada a través de la legislación Nuevo Trato del presidente Franklin D. Roosevelt.

New York Stock Exchange
11 Wall Street
New York, NY 10005
(212) 656-3000
Website: https://www.nyse.com/index
Esta es la bolsa de valores basada en acciones más grande del mundo. Es también donde se produjo el crac bursátil de 1929, o Crac del 29.

Roosevelt Campobello International Park
459 Route 774
Welshpool, NB E5E 1A4
Canada
(506) 752-2922
Website: http://www.fdr.net/experience-park/roosevelt-cottage
La casa de verano de 34 habitaciones de los Roosevelt está en la majestuosa bahía de Fundy, en la isla Campobello, Canadá.

Smithsonian Museum of American History
1300 Constitution Ave NW
Washington, DC 20560
(202) 633-1000
Website: http://americanhistory.si.edu
Facebook: @americanhistory
Instagram/Twitter: @amhistorymuseum
Este museo tiene exposiciones que exploran la historia estadounidense. "American Enterprise"es una exposición temporal con información sobre las políticas del Nuevo Trato de FDR y la vida del país durante la Gran Depresión.

MÁS LECTURAS

Bolden, Tonya. *FDR's Alphabet Soup: New Deal America 1932–1939*. New York, NY: Knopf Books for Young Readers, 2010.

Brennan, Linda Crotta. *Franklin D. Roosevelt's Presidency* (Presidential Powerhouses). Minneapolis, MN: Lerner Publishing, 2016.

Duignan, Brian. *The Great Depression* (Economics: Taking the Mystery Out of Money). New York: Britannica Educational Publishing, NY, 2013.

Frith, Margaret. *Who Was Franklin Roosevelt?* (Who Was?) New York, NY: Penguin Workshop, 2010.

Grayson, Robert. *Roosevelts* (America's Great Political Families). Minneapolis, MN: ABDO Publishing, 2015.

Hamen, Susan. *The New Deal* (Essential Events). Minneapolis, MN: ABDO Publishing, 2010.

Huddle, Lorena. *Franklin D. Roosevelt* (Pivotal Presidents: Profiles in Leadership). New York, NY: Britannica Educational Publishing, 2017.

Kesselring, Mari. *How to Analyze the Works of Franklin D. Roosevelt* (Essential Critiques Set 4). Minneapolis, MN: ABDO Publishing, 2013.

Marrin, Albert. *FDR and the American Crisis*. New York, NY: Ember, 2016.

Marriott, Emma. *Did Anything Good Come Out of the Great Depression?* (Innovation Through Adversity). New York, NY: Rosen Publishing, 2016.

Pascal, Janet. *What Was the Great Depression* (What Was?). New York, NY: Penguin Workshop, 2015.

BIBLIOGRAFÍA

Adler, Jerry. "1934: The Art of the New Deal." Smithsonian Magazine, June 2009. https://www.smithsonianmag.com/arts-culture/1934-the-art-of-the-new-deal-132242698.

African American Registry. "The Works Progress Administration, A Beginning for Many." Retrieved October 10, 2017. http://www.aaregistry.org/historic_events/view/works-progress-administration-beginning-many.

FDR Presidential Library & Museum. "Franklin D. Roosevelt." Retrieved October 10, 2017. https://fdrlibrary.org/fdr.

FDR Presidential Library & Museum. "Great Depression and the New Deal." Retrieved October 10, 2017. https://fdrlibrary.org/great-depression-new-deal.

General Records of the United States Government. "National Labor Relations Act (1935)." Record Group 11; National Archives. Retrieved October 10, 2017. https://www.ourdocuments.gov/doc.php?flash=true&doc=67.

General Records of the United States Government. "Tennessee Valley Authority Act (1933)." Record Group 11; National Archives. Retrieved October 10, 2017. https://www.ourdocuments.gov/doc.php?flash=true&doc=65.

Keith, Tamara. "The First 100 Days: 'A Standard That Not Even Roosevelt Achieved.'" National Public Radio, April 29, 2017. http://www.npr.org/2017/04/29/525810758/the-first-100-days-a-standard-that-not-even-roosevelt-achieved.

History.com Staff. "Civilian Conservation Corps." A+E Networks. 2009. http://www.history.com/topics/civilian-conservation-corps.

Learning Network, The. "Nov. 3, 1936; Franklin Roosevelt Re-elected in Landslide." New York Times. November 3, 2011. https://learning.blogs.nytimes.com/2011/11/03/nov-3-1936-franklin-roosevelt-re-elected-in-landslide/?_r=0.

Lebergott, Stanley. "Labor Force, Employment, and Unemployment, 1929-39: Estimating Methods." Bureau of Labor Statistics. Retrieved October 10, 2017. https://www.bls.gov/opub/mlr/1948/article/pdf/labor-force-employment-and-unemployment-1929-39-estimating-methods.pdf.

Library of Congress. "President Franklin Delano Roosevelt and the New Deal." Retrieved October 10, 2017. http://www.loc.gov/teachers/classroommaterials/presentationsandactivities/presentations/timeline/depwwii/newdeal.

New York Times. "Stocks Collapse in 16,410,030-Share Day, But Rally at Close Cheers Brokers; Bankers Optimistic, to Continue Aid." October 30, 1929. http://www.nytimes.com/learning/general/onthisday/991029onthisday_big.html#article.

Roosevelt, Franklin D. "On the Bank Crisis." FDR Library, March 12, 1933. http://docs.fdrlibrary.marist.edu/031233.html.

Roosevelt, Franklin D. "Radio Address From Albany, New York: The 'Forgotten Man' Speech." April 7, 1932. The American Presidency PROYECTO. Retrieved November 22, 2017. http://www.presidency.ucsb.edu/ws/?pid=88408.

Social Security Administration. "Presidential Statement Signing the Social Security Act – August 14, 1935." Retrieved October 10, 2017. https://www.ssa.gov/history/fdrsignstate.html.

Speakman, Joseph M. "Into the Woods: The First Year of the Civilian Conservation Corps." *Prologue Magazine*, Fall 2006. https://www.archives.gov/publications/prologue/2006/fall/ccc.html.

Sprague, Leah W. "Her Life: The Woman Behind the New Deal." Francis Perkins Center, June 1, 2014. http://francesperkinscenter.org/life-new.

"Transcript of Speech by President Franklin D. Roosevelt Regarding the Banking Crisis—March 12, 1933." Federal Deposit Insurance Corporation. Retrieved October 10, 2017. https://www.fdic.gov/about/history/3-12-33transcript.html.

ÍNDICE

ACERCA DE LA AUTORA

Alexis Burling ha publicado docenas de libros y artículos para niños y adolescentes sobre gran variedad de temas, desde sucesos de actualidad y consejos sobre carreras profesionales hasta biografías de personajes famosos. También está especializada en escribir relatos fascinantes de momentos históricos clave. Franklin Delano Roosevelt es uno de sus presidentes favoritos porque se comprometió con la reforma económica y social, expandió el sistema de parques nacionales y dio trabajo a escritores y artistas hambrientos de todos los orígenes y razas. Burling vive con su esposo en Portland, Oregón.

CRÉDITOS FOTOGRÁFICOS

Cubierta, p. 1 Rawpixel.com/Shutterstock.com; p. 3 Ollyy/Shutterstock.com; p. 4 Pressmaster/Shutterstock.com; pp. 5, 8 Library of Congress, Prints and Photographs Division; pp. 11, 14, 21, 45 Bettmann/Getty Images; p. 15 Ermolaev Alexander/Shutterstock.com; p. 18 MPI/Archive Photos/Getty Images; p. 23 Archive Photos/Getty Images; p. 26 Judy Kennamer/Shutterstock.com; p. 29 John Howard/DigitalVision/Thinkstock; p. 30 Corbis Historical/Getty Images; p. 35 Syda Productions/Shutterstock.com; p. 38 Photographs in the Carol M. Highsmith Archive, Library of Congress, Prints and Photographs Division; p. 39 Juriah Mosin/Shutterstock.com; p. 41 Library of Congress, Manuscript Division; p. 48 Jevtic/iStock/Thinkstock; p. 51 Universal History Archive/Universal Images Group/Getty Images; p. 55 spass/Shutterstock.com.

Diseño: Nelson Sá; Puesta en papel: Raúl Rodríguez; Directora Editorial, español: Nathalie Beullens-Maoui; Editora: María Cristina Brusca; Investigadora fotográfica: Nicole DiMella